DU GOTT

Theo Schmidkonz

DU GOTT

GEBETS-MEDITATIONEN
zu Worten von
M. Theresia von Jesu Gerhardinger

Theo Schmidkonz

EOS Verlag Erzabtei St. Ottilien

Imprimi potest.
Monachii, die 24.9.1985
P. Hans Zwiefelhofer SJ
Praep. Prov. Germ. Sup. SJ

CIP-Kurztitelaufnahme der Deutschen Bibliothek

Schmidkonz, Theo:
Du Gott : Gebetsmeditationen zu Worten von M. Theresia
von Jesu Gerhardinger / Theo Schmidkonz. —
Sankt Ottilien : EOS Verlag, 1985.
  ISBN 3-88096-491-2

© EOS Verlag Erzabtei St. Ottilien — 1985
Gesamtherstellung: EOS Druckerei, D-8917 St. Ottilien
Schrift: 11/12 Punkt Univers

1. Auflage: Nov. 1985, 1.-5. Tausend
2. Auflage: Dez. 1985, 6.-10. Tausend

VORWORT

In der Geschichte der Kirche waren es oft Frauen, die Geschichte machten. Eine solche Frau ist ohne Zweifel Maria Theresia von Jesu Gerhardinger, die Gründerin der Kongregation der Armen Schulschwestern von Unserer Lieben Frau.
Geboren ist Karolina Gerhardinger, wie sie zunächst heißt, in Regensburg-Stadtamhof am 20. Juni 1797. Sie gründet eine klösterliche Gemeinschaft am 24. Oktober 1833 in Neunburg vorm Wald. 1843 übernimmt sie das Angerkloster in München als Mutterhaus für ihre Schwestern und als Bildungsstätte für junge Menschen. Sie wird von Gott heimgeholt in die Ewigkeit am 9. Mai 1879 und von der Kirche seit 17. November 1985 als Selige verehrt.

Was macht denn das L e b e n dieser Frau aus, das sich vor über hundert Jahren vollendet hat in das e w i g e Leben? Was sagt uns diese Frau, von der die Kirche sagt, ihr Leben sei beispielhaft auch für uns? Wir können diese Fragen beantworten mit dem Blick auf ihr Leben, wir finden aber auch eine Antwort im Hören auf ihr Wort. In einem Wort öffnet sich der Mensch, geht er aus sich heraus, gibt er etwas von seinem Besitz, gibt er nicht selten sich selbst. Darum sind Worte eines guten Menschen immer kostbar. Und ist dieser Mensch endgültig am Ziel, sind seine Worte für uns ein Vermächtnis.

Ich durfte im Auftrag des Provinzialates der Armen Schulschwestern einige Worte der Mutter Theresia auswählen, gleichsam als Leitmotiv für die folgenden Gebete. Es sind überraschend einfache Worte, die sie spricht; aber um so mehr Worte, die unser persönliches Leben berühren und sogar treffen können.

Die Gedanken und Worte dieser Frau kreisen zuerst und zuletzt immer — um Gott. Ja, dieser Gott hat es ihr angetan und f ü r diesen Gott tut sie alles. Vielleicht unterscheidet das den Heiligen vom durchschnittlichen Menschen: Der Heilige glaubt radikal an Gott. Er weiß: Gott ist die Liebe. Und weil Gott mich liebt, darf und kann auch ich lieben — die Menschen und diesen unendlich großen und herrlichen Gott. Und der Heilige l i e b t dann auch Gott und die Menschen — mit allen Fasern des Herzens. Er glaubt und vertraut — auch in der Nacht der Bitterkeit und Angst. Egal, ob es ihm gut geht oder schlecht, niemals hört der Heilige auf, Gott zu preisen und ihm zu danken — für alles. Mutter Theresia meint wie selbstverständlich: »Haben wir nicht alles Gott zu danken?«

Die Kraft des Glaubens und der Liebe holt sich der Heilige im Gebet; indem er viel schweigt und schweigend hinhört auf Gott; indem er gründlich nachdenkt, was Gott von ihm will; indem er voll Vertrauen ruft um den Heiligen Geist; indem er

Jesus in sich und im Sakrament nahe weiß; indem er sich immer wieder seinem Gott preisgibt. Hier also, im Gebet, findet der Heilige das, was wir Sinn, Weg und Ziel nennen — nämlich Gott. Darum die häufige Bitte dieser Frau: »Laßt nicht ab vom Gebet!«

Ein Zweites sagen mir die Worte der Mutter Theresia. Sie will im Grunde nichts anderes, als Menschen hinführen zu diesem Gott. Auch dort, wo sie vom Alltag und der Bewältigung des Alltags spricht, tut sie das nicht moralisierend, sondern — vom liebenden Gott her und zum liebenden Gott hin. Selbst »die Ordnung kommt von Gott und führt zu Gott«. Und wenn sie sagt: »Hab Geduld mit dir selbst«, dann meint sie: Gott hat sie doch auch mit dir! Vom gegenwärtigen guten Gott her begreift sie das Leben und die Liebe. So ist wohl das wichtigste Wort im Leben dieser Frau: »Du — Du Gott!« Von daher auch der Titel dieses Büchleins. Und wenn sie uns durch ihre Worte zu diesem »Du«, zu diesem »Du Gott«, hinführen kann, ist sicher die eigentliche Absicht dieser Frau erfüllt.

Bleibt ein Drittes: Weil dieser Gott für Mutter Theresia »ein Freund der Armen« ist, sind auch ihre besonderen Freunde die Armen: »Wie drängt es mich, den armen Kindern die Frohe Botschaft vom Reich Gottes zu bringen. Mit wenigem zufrieden, gehen wir in die kleinsten Dörfer und ärmsten Hütten hinaus, wohin uns der Herr ruft.« W i r müssen uns fragen: Wer sind diese Armen h e u t e neben uns? Sind die, die arm dran sind, auch u n s e r e Freunde? Dann und erst dann stehen wir wirklich in der Nachfolge Jesu, der gesagt hat: »Gott hat mich gesandt zu den Armen.«

Wir machen uns in diesem Büchlein betend Gedanken zu Worten der Maria Theresia von Jesu Gerhardinger. Worte von guten Menschen, Worte von Heiligen, dürfen und müssen wie Gottes Wort in der Heiligen Schrift immer neu überdacht und auch neu ausgelegt werden — in u n s e r e Zeit und in u n s e r Leben hinein. Die folgenden Gebete laden zu dieser Übersetzung ein. Entscheidend dabei bleibt, daß wir wirklich »Du« sagen und unser Herz mit dabei ist.

Augustinus sagt: »Wer richtig zu beten weiß, der weiß auch richtig zu leben.« Mutter Theresia meint: »Wenn wir recht beteten, würden wir ganz anders leben.« Müßten wir nicht schon längst anders leben? Fangen wir also mutig an, recht zu beten.

»DU, GOTT«

Du!
Du, Großer und Heiliger!
Du, Starker und Wunderbarer!
Du, ewig Lebendiger!
Du!
Ganz anders,
als wir Dich denken
und aussprechen.
Du, Unaussprechlicher!
Nicht zu fassen,
nicht zu greifen —
in keinem Begriff,
nie in unserem Griff.
Du,
erschreckend Geheimnisvoller!
Du,
hinreißend Liebenswürdiger!
Du, tiefes Dunkel,
Du, hellstrahlendes Licht!
Du, unendliches Schweigen,
Du, göttliches Wort!
Und zu Dir darf ich »Du« sagen?
Du,
Du, Gott!
Du, mein Gott!
Du,
mein Du,
Du.

»JA WAHRLICH, GOTT IST DIE LIEBE«

Gott,
wer bin ich?
Ich, kleiner Mensch,
gestern und heute,
und morgen schon vergessen.
Wirklich vergessen?
Vielleicht von den Menschen,
aber niemals von Dir.
Denn Du, Gott, siehst mich immer,
auch jetzt, den ganzen Tag,
ein Leben lang, ewig.
Du siehst mich,
weil Du mich liebst.
Und Du liebst mich,
weil Du gar nicht anders kannst
als lieben;
denn Du, Gott,
b i s t die Liebe,[1]
die wahre Liebe.
Die an mich denkt,
auch wenn ich sie vergesse.
Die gut ist,
auch wenn ich schlecht bin.
Die mich annimmt
über meinen Tod hinaus.
Danke, Du große Liebe,
daß Du mich kleinen Menschen liebst
immer und überall.

»WEIL ER UNS LIEBT«

Gott,
wenn ein Kind sich geliebt fühlt,
liebt es zurück,
indem es lacht und sich freut,
indem es vertraut,
indem es etwas wagt.
Sich von Dir geliebt wissen
müßte also anspornen, selber zu lieben.
Von der größten Liebe geliebt werden,
müßte zu großer Liebe ermutigen.
Du, großer Gott, liebst mich.
Wie liebe ich zurück?
Einfach wie ein Kind,
indem ich mich f r e u e an Dir,
weil es Dich gibt,
weil Du da bist für mich,
weil niemand so gut ist wie Du?
Oder zeigt sich meine Liebe darin,
daß ich Dir v e r t r a u e wie ein Kind,
restlos vertraue ohne Vorbehalt?
Oder findet meine Liebe sogar den Mut,
etwas zu w a g e n für Dich,
alles zu wagen?
Ich müßte nur überzeugt sein,
d a ß Du mich liebst,
und wie s e h r Du mich liebst.
Denn nur weil D u mich liebst,
kann auch i c h lieben — geliebt von Dir.[2]

»DIE RATSCHLÜSSE DES EWIGEN SIND UNERFORSCHLICH«

Gott,
nichts geschieht in der Welt
letztlich ohne Deinen Willen;
nicht im Großen der Weltgeschichte
und nicht in unserem persönlichen Leben.
Wir bleiben frei und verantwortlich.
Aber alles steht in Deinem ewigen Plan.
Gott,
wie unergründlich sind Deine Entscheidungen,
wie unerforschlich Deine Wege!
Wer hat Deine Gedanken je erkannt?[3]
Deine Pläne und Ratschlüsse
sind für uns oft unbegreiflich.
Manchmal fällt es uns schwer, zu beten:
»Vater, dein Wille geschehe.«
Wir können dann nur noch schweigen,
hoffen, anbeten, vertrauen.
Und doch liegt eine Kraft in dem Wissen,
kein Leid ist umsonst,
kein Schmerz ist vergeblich,
keine Frage ohne Sinn.
Du, großer Gott,
planst durch alles Un-heil hindurch
unser Heil.
Du führst alle Dunkelheiten
zum Licht.
Und finden wir dennoch keine Worte für Dich —
Du nimmst auch Schweigen und Tränen an.

»WIE WUNDERBAR DIE GÖTTLICHE
VORSEHUNG ALLES ZUM BESTEN FÜGT«

Gott,
Deine Vorsehung ist nicht nur am Werk,
wenn etwas gut ausgeht.
Auch der unschuldig Leidende,
der zu Tod Gefolterte,
ist von Deiner Vorsehung
nicht weniger umfangen
als der glücklich Gerettete.
Vorsehung heißt:
Du siehst alles voraus,
Du kennst den Gang und den Ausgang.
Doch Dein Vor-Sehen
ist immer auch ein Tun und ein Wirken.[4]
Während wir noch klagen und zweifeln,
hast Du für uns längst v o r -gesehen.
Uns scheint etwas un-erträglich;
in Wahrheit aber sind wir getragen
samt allem Unerträglichen.
Du selber trägst uns,[5]
Du Träger des Unerträglichen.
Wir fühlen uns irgendwann am Ende,
glauben buchstäblich zu v e r -enden;
aber über unser Ende hinaus
planst Du bereits V o l l -endung.
Du wunderbarer Vorseher,
der alles für uns vorgesehen hat
zu unserem Besten.[6]
Deine Vorsehung sei gepriesen in Ewigkeit.

»WIE GOTT WILL«

Jesus,
Du sagst zu Deinen Jüngern:
»Meine Speise ist es,
den Willen dessen zu tun,
der mich gesandt hat.«[7]
Du l e b s t vom Willen Gottes,
während wir oft glauben,
nur von u n s e r e m Willen leben zu können.
Aber auch Du mußt um den Willen Gottes ringen.
Auf dem Ölberg liegst Du am Boden.
Du betest: »Abba, Vater, alles ist dir möglich.
Nimm diesen Kelch von mir weg!«[8]
Wie groß muß Deine Angst gewesen sein!
Du bittest den Vater, Dich zu verschonen.
Jesus,
keiner von uns muß christlicher sein als Du.
Auch wir dürfen bitten: Verschone uns, Herr!
Gott, ändere Deinen heiligen Willen!
Freilich, am Ende betest Du voll Vertrauen:
»Aber nicht, was ich will,
sondern was du willst.«[9]
Es bleibt ein unergründliches Geheimnis:
Du wolltest etwas anderes als Dein Vater.
Und Dein Vater ließ Golgota nicht nur zu,
in seinem ewigen Plan w o l l t e er es.
Das Ja zu diesem Willen fiel Dir schwer.
Jesus, laß mich mit Dir zusammen beten:
»Nicht, was ich will, sondern was du willst.«

»DER HIMMEL IST EWIGES LEBEN, OHNE SCHMERZ, OHNE TRÄNEN, OHNE TOD«

Gott,
Du hast in uns hineingelegt
eine Sehnsucht nach dem Unendlichen,
die nicht ins Leere gehen kann;
denn alles in Deiner Natur
findet seine entsprechende Erfüllung.
Wißbegierig bleibt unser Verstand,
weil er grenzenlos angelegt ist
auf vollkommenes Wissen und Schauen.
Unruhig ist unser Herz,
weil es Ruhe und Geborgenheit sucht
in einem unzerstörbaren Herzen.
Unaufhörlich drängt unser Wollen und Streben,
weil es das Letzte und Ganze will:
Frieden, den Frieden aller in Gott.
Wir nennen diesen Zustand letztlich den Himmel.
Und in Jesus, Deinem Sohn,
hast Du uns ausdrücklich
diesen Himmel versprochen.
Jesus sagt: Himmel, das ist Freude,
die niemand uns rauben kann.[10]
Himmel, das ist die neue Welt Gottes,
in der es keine Träne
und keinen Schmerz geben wird.[11]
Himmel, das ist Liebe, ewige Liebe,
die niemals aufhören wird.
Danke, Gott, für Deinen Himmel. Danke,
daß Du ihn erschaffen hast auch für uns.

»ALLES IN JESU NAMEN«

Jesus,
Du selber bist,
was Dein Name besagt:
»Jahwe ist Hilfe«,
Gott hilft,
Gott rettet,
Gott befreit.
Jesus,
Deinen Namen
will ich groß über jeden
neuen Tag schreiben.
Du hilfst mir
in meiner Schwachheit.
Du rettest mich
aus meiner Not.
Du befreist mich
aus meinen Fesseln und Ängsten.
Jesus,
»Dein Name besagt,
was ich in der Welt
und bei den Menschen noch will:
helfend beistehen,
den Menschen gut sein
und Gutes tun.«[12]
Du gibst mir die Kraft dazu,
Du, Helfer-Gott,
Du, Jesus,
Du, »Jahwe hilft«.

»JESUS, UNSER HERR UND GOTT, GEHT UNS ALLEN VORAN«

Jesus,
wir lesen in der Heiligen Schrift:
»Während sie auf dem Weg
hinauf nach Jerusalem waren,
ging Jesus voraus.
Die Jünger aber hatten Angst.«[13]
Jesus,
Du gehst i m m e r voraus —
auch auf u n s e r e m Weg.
Du bahnst uns den Weg.
Du begleitest unseren Weg.
Und wenn wir nicht mehr können,
t r ä g s t Du uns auf dem Weg.
Jesus,
wie Deine Jünger damals
haben auch wir manchmal Angst.
Denn auch wir wissen nicht,
wo unsere Wege enden.
Dein Weg führt nach Jerusalem,
hinauf nach Golgota, ans Kreuz.
Wohin wird u n s e r Weg führen?
Jesus,
wir wissen nur eines:
Du gehst uns voraus,
und das soll uns genug sein.
Denn Du, Herr, unser Gott,
führst immer den richtigen Weg.

»WIR MÜSSEN JESUS NACHFOLGEN«

Jesus,
Du rufst mir zu: »Komm, folge mir nach!«[14]
Hörst du: Folge m i r nach, mir!
Jesus, Dir nachfolgen heißt:
im Glauben Dich s e h e n —
jetzt und hier.
Du bist in diesem Augenblick da.
Du stehst vor mir ganz dicht, ganz nahe.

Dir nachfolgen heißt:
im Glauben Dich h ö r e n —
Dein Wort, Deine Einladung.
Du sprichst mich persönlich an.
M i c h meinst Du, nicht die anderen.

Jesus, Dir nachfolgen heißt:
im Glauben mit Dir r e c h n e n .
Du bist meine Stärke.
Du bist die treibende Kraft.
Du machst Unmögliches möglich.
Mit Dir vermag ich alles.

Dir nachfolgen heißt:
im Glauben aufbrechen und g e h e n ,
hinter Dir hergehen,
gehen, wohin Du mich führst.
Immer Dich im Auge, im Ohr und im Herzen.
Jesus, ich komme.

»GEHT ZU JESUS IN DIE SCHULE
UND LERNT VON IHM, SANFT ZU SEIN«

Jesus,
ich möchte wie Du
sanft und zärtlich sein.
Du warst zärtlich zu Johannes —
er ruhte an Deiner Brust.[15]
Er durfte Dich begleiten
in Freude und Schmerz.[16]
Du warst feinfühlig zur Sünderin,
nahmst ihre Liebe dankbar an.
Du hast ihr verziehen,
weil sie viel geliebt hat.[17]
Du warst sanft zu der Ehebrecherin
und nahmst sie rettend in Schutz.
Du sagtest: »Hat dich keiner verurteilt?
Auch ich verurteile dich nicht.«[18]
Du warst rührend zu den Kindern,
hast sie in Deine Arme genommen
und sie zärtlich liebkost.[19]
Sie liefen Dir in Scharen nach
und dankten mit ihrer Begeisterung.[20]
Du warst einfühlsam in Petrus,
hast den Verleugner groß angeschaut,
fragend, bittend, erwartend.
Und Petrus weinte bitterlich,
weil er die größte Liebe nicht geliebt hat.[21]
Du warst ein wunderbarer Mensch,
sanft, verstehend, voller Zärtlichkeit.
Jesus, laß mich sein wie Du.

»DEINE WORTE, O GOTT,
SOLLEN MEINE RICHTSCHNUR BLEIBEN«

Jesus,
mit Petrus sprechen und beten wir:
»Herr, zu wem sollen wir gehen?
Du hast Worte des ewigen Lebens.«[22]
Was aber bedeutet uns tatsächlich Dein Wort?
Du sagst: »Geh und versöhne dich zuerst
mit deinem Bruder, dann komm und opfere.«[23]
Warum nehmen wir dieses Wort nicht wörtlich?
Du sagst: »Liebt eure Feinde!«[24]
Wir tun uns schon mit Nicht-Feinden schwer.
Du meinst: »Zieh zuerst den Balken aus
deinem Auge.«[25] Wir aber kritisieren lieber
an a n d e r e n herum statt an uns.
Du sagst: »Ich bin bei euch alle Tage.«[26]
Wir aber denken kaum an Deine Nähe.
Du rufst uns zu: »Wer an mich glaubt,
wird leben, auch wenn er stirbt.«[27]
Wir aber tun so, als gäbe es Tote.
Du sagst: »Der Sabbat ist für den Menschen da
und nicht der Mensch für den Sabbat.«[28]
Warum dann Gesetze um der Gesetze willen?
Du sagst: »Laßt euch nicht Meister nennen.«[29]
Wir aber rechtfertigen unsere Ehrentitel.
Du sagst: »Ich war hungrig, obdachlos, krank.«[30]
Wir aber gehen an Dir gleichgültig vorbei.
Herr, wir haben zu viele Gesetze und Regeln.
D e i n e Worte sollten uns Richtschnur sein;
denn Dein Wort i s t Leben und g i b t Leben.[31]

»VERGESSEN WIR NIE DIE LIEBE JESU ZU DEN KINDERN«

Jesus,
Kinder und Jugendliche —
sie w a r e n Deine Freunde
und s i n d Deine Freunde.
Du hast Verständnis für sie.
Du liebst die Echtheit der Kinder.
Du magst ihre spontane Liebe.
Du weißt, was ihnen geschenkt wird,
schlägt Wurzeln für immer.
Darum sagst Du:
»Laßt die Kinder zu mir kommen
und hindert sie nicht daran!«[32]
Denn gerade auch für sie —
ist Gott da.

Jesus, Du liebst auch die Jugendlichen.
Du kennst ihre Schwächen und Fehler,
aber auch ihre Begeisterungsfähigkeit.
Du bejahst ihre kritische Offenheit
und magst ihre Sehnsucht nach Liebe.
Du verstehst ihre Sorgen um die Zukunft
und erlaubst ihre Zweifel und Ängste.
Jesus, auch Du warst jung und selbstbewußt.
Du berufst Dich mit zwölf Jahren auf Gott.
Deine Mutter hat Probleme mit Dir.
Aber sie denkt nach und liebt Dich.[33]
Laß auch uns trotz Fragen und Schwierigkeiten
miteinander nachdenken und uns lieben.

»GOTT, DER FREUND DER ARMEN«

Jesus,
es ist nicht schlimm,
wenn wir von den Reichen und Mächtigen
nicht be-achtet werden.
Aber wir können es uns nicht leisten,
von den Armen und Kleinen
ver-achtet zu werden,
von denen, die »keinen Menschen haben«.[34]
Du sagst: Ihr Schicksal
ist auch m e i n Schicksal.
Ihre Not
ist auch meine Not.[35]
Sie sind Deine engsten Freunde
und müssen deshalb
auch unsere Freunde sein.[36]
Ihre Armut darf uns nicht fremd sein,
ihre Not darf uns nicht abschrecken.

Jesus,
Du Freund der Armen,[37]
laß uns so leben,
daß kein Armer an uns zweifelt.
Laß uns so teilen,
daß die Armen wieder hoffen.
Laß uns so lieben,
daß die Armen spüren:
An Deinem Tisch
gibt es nur Schwestern, Brüder.

»EILT HIN ZU JESUS, DEM GEKREUZIGTEN«

Jesus,
ich höre Deine letzten Worte am Kreuz,
sieben Worte der Liebe:
»Vater, vergib ihnen,
denn sie wissen nicht, was sie tun.«[38]
Jesus, Deine Liebe kennt keine Grenzen.
Du liebst Deinen Feind und betest für ihn.
»Heute noch wirst du mit mir im Paradies sein.«[39]
Du liebst auch den Sünder. Und dem, der bereut,
schenkst Du ewige Freundschaft.
»Frau, siehe dein Sohn! Siehe deine Mutter!«[40]
Im Sterben noch denkst Du an Deine Freunde.
Sie sollen nicht aufhören, weiterzulieben.
»Mein Gott, mein Gott,
warum hast du mich verlassen?«[41]
Du fühlst Dich von Gott verlassen,
sagst aber dennoch liebend: »Mein Gott!«
»Mich dürstet.«[42]
Du bist solidarisch mit allen, die dürsten.
Und wo irgendeiner leidet, leidest Du mit.
»Es ist vollbracht.«[43]
Was immer unser Leben am Ende n i c h t bringt,
Deine Liebe v o l l -bringt es für uns.
»Vater, in deine Hände lege ich meinen Geist.«[44]
Jesus, Du vertraust grenzenlos auf Gott.
Leg bitte auch mich in die Hand Deines Vaters.
Danke, Jesus, für Deine Worte der Liebe.
Danke, Du mein gekreuzigter Bruder.

»MARIA UNTER DEM KREUZ —
UND SIE STAND«

Jesus,
ich betrachte oft
Deine Mutter Maria
unter dem Kreuz —
und sie stand.[45]
Der Boden unter ihr wankte,
die Sonne gab keinen Schein.[46]
Aber Maria stand fest,
stand unerschütterlich
zu Dir, ihrem Sohn,
zu Dir, dem Gekreuzigten,
zusammen mit anderen Frauen.
Sie stand
und blieb standhaft,
während Freunde umfielen.[47]
Sie hörte Dich schreien,
und fand keine Worte.
Sie sah Dich leiden,
und konnte nichts für Dich tun — nur da sein,
einfach da,
da sein mit ganzem Herzen
für Dich.
Seither ist sie da
auch für uns,
damit wir standhaft bleiben
wie sie —
Deine Mutter,
unsere Mutter.

»JESUS, IN DIR LEBE UND BEWEGE ICH MICH«

Jesus,
Du bist die Wahrheit,[48]
nach der ich verlange,
be-wahre mich.
Du bist die Fülle,[49]
die ich erstrebe,
er-fülle mich.
Du bist die Freude,[50]
die ich ersehne,
er-freue mich.
Du bist die Freiheit,[51]
die ich begehre,
be-freie mich.
Du bist das Licht,[52]
das ich brauche,
er-leuchte mich.
Du bist das Leben,[53]
von dem ich lebe,
be-lebe mich.
Du bist der Weg,[54]
den ich suche,
be-wege mich.
Du bist die Liebe,[55]
die ich erhoffe,
liebe mich.
Jesus, in Dir lebe
und bewege ich mich.
Du bist für mich alles.

»VERZAGT NICHT! JESUS WIRD EUCH ZUR SEITE STEHEN«

Jesus,
ich habe manchmal Angst
vor der Zukunft,
vor dem Alleinsein,
vor dem Sterben.
Ich habe Angst, ob ich es schaffe,
ob ich es recht mache,
ob Menschen mir treu bleiben,
ob i c h treu bleibe.
Du aber sagst:
»Fürchtet euch nicht!
Ich bin bei euch alle Tage
bis zur Vollendung der Welt.[56]
Begreift ihr denn nicht?«[57]
Ihr seid nicht allein,
niemals allein.
Ich, der Auferstandene,
gehe alle eure Wege m i t euch,
auch eure Irrwege.
»Glaubt doch an Gott
und glaubt auch an mich!«[58]
Danke, Jesus,
daß wir Dir glauben dürfen,
blind, ohne Vorbehalt.
Danke,
daß Du uns immer zur Seite stehst.
Wir verlassen uns ganz auf Dich,
Du, unser Verlaß in Zeit und Ewigkeit.

»ZU FÜSSEN JESU IM ALLERHEILIGSTEN SAKRAMENT AUSRUHEN«

Jesus,
im heiligsten Sakrament,
Du lädst mich ein:
Komm!
Ruh dich aus.[59]
Entspanne dich.
Laß dich los!
Laß deine Sorgen los,
deine Ängste los,
deine Pläne los,
laß dich selber los.
Bei mir
mußt du nichts leisten,
nur dasein
und still sein
und schweigen. —
Dann wirst du hören,
die Stille hören,
mich hören:
Ich liebe dich.
Ich umfange dich.
Ich berge dich.
Ich halte dich fest
in meiner Hand.
Mein bist du!
Jesus,
nur eines sage ich:
Ich bete Dich an.

»GOTT SEI VOR ALLEM EHRE UND DANK«

Gott,
wir suchen Ehre und Anerkennung,
und jeder Mensch
braucht ein bißchen Lob.
Vermutlich loben und anerkennen wir
einander zu wenig.
Doch gilt im letzten,
was Paulus an die Korinther schreibt:
»Was hast du Mensch,
das du nicht e m p f a n g e n hast?[60]
Wer sich also rühmen will,
der rühme sich des Herrn.«[61]
Gott,
alles, was gut ist in unserem Leben,
alles, was uns gelingt,
ist Gnade,
Dein Geschenk.
Wir haben es von Dir empfangen —
alles.
Und wenn wir uns etwas einbilden
auf Erfolg, auf unser Können,
dann sind wir dumm.
Gott,
Dir sei vor allem Ehre und Dank.
Von Dir stammt,
was wir sind und können.
Kein Tag soll vergehen,
an dem wir Dir nicht von Herzen danken.

»LASST UNS IN EINTRACHT
UND LIEBE MITEINANDER LEBEN«

Jesus,
Du hast gesagt:
»Daran werden alle erkennen,
daß ihr meine Jünger seid,
wenn ihr einander liebt.«[62]
Ist Liebe unser Kenn-Zeichen?
Wir lieben uns,
wenn wir ebenso gut zuhören,
wie offen miteinander sprechen.
Wenn wir ein Auge haben für den anderen,
und Augen zudrücken können.
Wenn wir die Wahrheit sagen mit Liebe,
und über Fehler schweigen.
Wenn wir ebenso freudig geben,
wie wir dankbar empfangen.
Wenn wir uns ehrlich entschuldigen,
und ebenso aufrichtig verzeihen.
Wenn wir eine eigene Meinung haben,
und andere Meinungen achten.
Wenn wir uns freuen über ein gutes Wort,
und mit Lob und Dank nicht sparen.
Wenn wir den anderen gerecht werden wollen,
auf eigenes Recht aber verzichten können.
Wenn wir uns demütig helfen lassen,
und die Last der anderen tragen helfen.
Jesus,
dann lieben wir einander,
so wie Du uns liebst.

»GELASSENHEIT MÜSSEN WIR UNS ZU EIGEN MACHEN«

Jesus,
wir sind zu unruhig über das,
was heute und morgen auf uns zukommt.
Wir lassen uns zu sehr leiten
von Angst und Geschäftigkeitsdrang,
von zu großer Sorge um unser eigenes Ich.
Du aber sagst:
»Kommt alle zu mir, die ihr euch plagt
und schwere Lasten zu tragen habt.
Ich werde euch Ruhe verschaffen.
Lernt von mir; denn ich bin gütig
und von Herzen demütig;
so werdet ihr Ruhe finden für eure Seele.«[63]
Jesus, das macht uns ruhig und gelassen:
die Güte und Großzügigkeit des Herzens,
die Demut, der Mut,
uns selber nicht so wichtig zu nehmen,
das Vertrauen auf die weise Vorsehung Gottes,
der Glaube an Deine allernächste Nähe,
die Gewißheit, daß Du da bist für uns.
Jesus,
könnte ich doch endlich alles lassen,
mich selber lassen und loslassen,
Dir überlassen,
mich ganz verlassen auf Dich.
Ich wäre auch in der äußersten Unruhe — ruhig.
Ich wäre im Innersten gelassen;
denn Du — läßt mich ja niemals los.

»WEG MIT DER ALLZU GROSSEN HAST«

Gott,
es gibt eine berechtigte Eile,
wenn jemand in Not ist,
uns dringend braucht,
auf ein Zeichen wartet,
vielleicht auf einen Besuch
oder auch nur auf ein Wort.
Maria eilt zu Elisabeth;[64]
denn diese sucht eine Aussprache,
und auch Maria hat das Bedürfnis,
sich jemand anzuvertrauen.
Darum beeilt sie sich.
Von Jesus heißt es oft,
daß er s o f o r t handelte,
daß er niemand warten ließ.
Gott,
etwas anderes ist die unruhige Hast,
mit der wir manches erledigen,
zu viel erledigen wollen.
Wir werden dann ungehalten, nervös,
nicht selten sogar ungerecht, lieblos.
Du willst,
daß wir uns Zeit lassen,
auch uns selber Zeit gönnen.
Wir könnten sonst Wichtiges übereilen,
am Ende sogar D i c h über-eilen.
Denn Du bist in jeder Zeit
die ruhige, bleibende Ewigkeit.

»ORDNUNG KOMMT VON GOTT
UND FÜHRT ZU GOTT«

Gott,
es klingt nicht sehr modern,
für Ordnung zu sein.
Aber das Gegenteil ist Unordnung.
Und die herrscht oft
und zerstört vieles:
in unserer Umwelt,
unter den Menschen,
in uns selbst.
Der Feind der Ordnung
ist die Sünde.
Sie bringt durcheinander,
will Unordnung,
am Ende das Chaos.
Der Freund der Ordnung
das bist Du.
Du führst zusammen.
Du willst die Einheit.
Du ordnest alles im Kleinen
und im unendlich Großen der Welt.
Welche Ordnung herrscht in der Natur,
wo alles wächst und reift
nach Deinem Plan.
Du, großer Ordner, hast sie uns anvertraut,
hast uns die Ordnung anvertraut.
Sie k o m m t von Dir und f ü h r t zu Dir.
Du bist die ewige Ordnung,
Du Harmonie und Einheit in Vollendung.

»GOTT BRAUCHT WEDER DICH NOCH MICH«

Gott,
von Dir allein kommt Heil und ewiges Leben.
Du brauchst keinen von uns,
um Welt und Menschen zu retten.
Du bist groß und mächtig genug,
um dies selbst zu können.
Du bist barmherzig und gütig
und wirst dies auch t u n .
Denn Deine Barmherzigkeit und Liebe
wird immer größer sein
als alle unsere Barmherzigkeit zusammen.
Es wird auch keiner verlorengehen,
weil ich versagte oder schlecht war.
Und keiner wird am Ende bestraft
wegen meiner Nachlässigkeit und Schuld.
Du wirst in Gerechtigkeit gut-machen,
was ich leider falsch gemacht habe.
Du brauchst also weder mich noch andere.
Du, und Du allein führst uns alle
und wirst alles mit großer Weisheit vollenden.
Gott,
laß mich doch endlich und wirklich
auf Dich und Deine Barmherzigkeit vertrauen.
Laß mich einsehen:
Du brauchst mich tatsächlich n i c h t .
Ich bin aber dann b r a u c h b a r für Dich,
wenn ich nichts sein will als Dein Werkzeug,
ein bescheidenes Werkzeug in Deiner Hand.

»BEDENKEN WIR, DASS AUCH DER ARZT NICHT SELTEN VERWUNDET, UM ZU HEILEN«

Gott,
Wunden tun weh,
ob wir sie uns selber zufügen
oder andere sie uns schlagen,
ob der Arzt operiert
oder ein Unglück uns trifft.
Jede Wunde verletzt,
hinterläßt Narben und Spuren,
auch jene Wunden,
die uns von Dir zugefügt werden.
Ob es überhaupt eine Wunde gibt,
die letztlich, genau betrachtet,
nicht auch mit D i r zu tun hat?
Doch wenn D u verwundest, gütiger Gott,
dann verwundest Du nur,
um zu heilen.[65]
Oft verstehe ich das nicht.
Ich klage und jammere
und mache die Wunden noch größer.
Doch wenn ich genauer hinsehe,
wenn ich Vertrauen aufbringe zu Dir,
dann erkenne ich, daß viele Wunden,
wahrscheinlich alle,
mich ein ganzes Stück weiterbringen,
auch Dir näherbringen.
Gott,
ich werde noch oft vor Wunden erschrecken.
Heile mich! Mach mich durch Wunden gesund!

»MEHR, ALS WIR TRAGEN KÖNNEN,
LEGT UNS GOTT NICHT AUF«

Gott,
mehr als wir tragen können,
legst Du keinem von uns auf.[66]
Du schickst zwar Prüfungen,
vor denen wir erschrecken,
denen wir ausweichen möchten.
In Wahrheit aber
p r ü f s t Du uns mit Deinen Prüfungen.
Prüfst unseren Glauben, prüfst unser Vertrauen.
Gott, Du führst uns in Versuchungen,
in denen wir schwach werden,
denen wir uns nicht gewachsen fühlen.
Dabei ist jede Versuchung nichts anderes
als Dein Versuch, uns ernst zu nehmen,
mit uns auch große Dinge zu wagen.
Trotzdem lehrt Jesus uns beten:
»Vater, führe uns n i c h t in Versuchung.«
Denn wer von uns weiß, ob er bestehen wird?[67]
Gott, Du mutest uns oft Schweres zu.
Aber mit Deiner Zumutung
gibst Du uns auch den Mut,
das Schwere durchzustehen.
Du belastest uns scheinbar über unsere Kraft.
Aber mit D e i n e r Kraft verkraften wir alles.
Wir glauben, etwas sei unerträglich,
bis wir im Glauben an Dich erkennen:
Du trägst nicht nur das Unerträgliche mit,
Du trägst uns selber. Danke, Gott!

»BEI UND MIT GOTT IST ALLES MÖGLICH«

Gott,
Sara lacht,
als ihr in hohem Alter ein Kind verheißen wird.[68]
Und auch Abraham zweifelt.
Du aber sagst:
»Ist denn für Jahwe etwas unmöglich?«[69]
Auch Maria stellt Fragen an Dich:
Jungfräuliche Empfängnis —
»Wie soll dies geschehen?«[70]
Und Du gibst ihr zur Antwort:
»Bei Gott ist nichts unmöglich.«[71]
Und der Vater eines kranken Kindes
bittet Jesus, Deinen Sohn:
»Hilf uns, wenn du kannst.
Hab Erbarmen mit uns!«
Und Jesus antwortet:
»Was heißt: Wenn du kannst?
Alles kann, wer glaubt.«
Gott,
mit diesem Vater möchten wir antworten:
»Ich glaube; hilf meinem Unglauben!«[72]
Wir glauben wirklich,
daß Du, Gott, alles kannst.
Unmögliches wird möglich,
wenn wir Dir glauben
und Dir volles Vertrauen schenken.
Denn b e i Dir und m i t Dir, Gott,
ist alles möglich.

»HAB GEDULD MIT DIR SELBST«

Gott,
ich bin oft ungeduldig mit mir.
Ich dulde keine Fehler.
Darum versuche ich, besser zu scheinen,
als ich tatsächlich bin.
Ich dulde keine Schwächen.
Darum gebe ich mich stark,
auch wenn ich mich hilflos fühle.
Ich dulde nicht, daß ich so bin,
wie ich nun einmal meistens bin.
Ich bin so ungeduldig, Herr,
mit mir
und meinen vielen Unvollkommenheiten.

Du aber sagst:
Ich habe viel Geduld
mit dir[73]
und deiner Ungeduld.
Nimm dich doch endlich einmal an,
so wie ich dich geschaffen habe —
mit deinen Grenzen und Schwächen!
Ich sage ja zu dir —
sag du es auch!
Gib deine Schwächen und Fehler
ruhig offen zu!
Und hab Geduld!
Dann wächst viel schneller das Gute,
das ich längst in dich gesät habe.

»ALLE WERKE GOTTES GEHEN LEIDVOLL
VOR SICH, DANN ABER BLÜHEN SIE DESTO
HERRLICHER AUF«

Gott,
ich weiß nicht, warum dies so ist:
Neues Leben
tritt in die Welt
durch die Geburt,
eine Mutter schreit auf.

Ewiges Leben
wird uns geschenkt
in unserem Tod,
wir schreien auf.

Jesus
wird unser Erlöser und Bruder
am Kreuz,
Gott schreit auf.

Gott,
alle Deine Werke sind leid-voll,
doch am Ende voll Herrlichkeit.
Dein Geheimnis
heißt: Samenkorn.
Wenn es stirbt,
bringt es Frucht.
Wenn es sich aufbewahrt,
stirbt es.[74]
Gott, laß mich als gutes Samenkorn
in Deine Hand fallen.

»SELIG SIND DIE BARMHERZIGEN«

Jesus,
Du sagst: »Geht hin und lernt:
Barmherzigkeit will ich
und nicht Opfer.«[75]
Nichts braucht unsere Welt notwendiger
als gute Menschen,
als Menschen, die ein Herz haben
für Arme, Leidende und Verzweifelte.
Die Gefahr ist groß,
daß wir an dieser Not vorbeisehen
und auch an ihr vorübergehen.
Jesus,
Du warst immer da für Menschen,
die Hilfe suchten,
die am Ende waren,
die keinen Menschen fanden.
Du hattest ein Herz für alle,
auch für die größten Sünder.
Laß uns nicht aufgehen in der Arbeit,
laß uns nicht untergehen im Beruf.
Laß uns Mensch bleiben,
barmherzig sein,
ein Herz haben für die Armen,
für solche, die arm dran sind.
Dann werden auch wir
D e i n e Barmherzigkeit erfahren dürfen.[76]
Wir brauchen Deine Barmherzigkeit.
Wir alle sind auf sie angewiesen.

»LIEBEN WIR DEN FRIEDEN«

Jesus,
der Friede geht Dir über alles.
Bei Deiner Geburt hören wir:
»Friede den Menschen auf Erden.«[77]
Denn Du b i s t nicht nur für den Frieden,
Du b r i n g s t auch den wahren Frieden.
In der Bergpredigt heißt es:
»Selig, die Frieden stiften,
sie werden Söhne Gottes genannt werden.«[78]
Wer etwas für den Frieden t u t,
ist Dir ähnlich, gehört zu Dir.
In Deinem Abschiedswort sagst Du:
»Meinen Frieden gebe ich euch«,
freilich »nicht, wie die Welt ihn gibt.«[79]
Die Welt diktiert den Frieden,
Du aber s c h e n k s t uns den Frieden.
Und als Auferstandener rufst Du uns zu:
»Schalom! Friede sei mit euch!«[80]
Dein Friede überwindet alle Angst,
Dein Friede besiegt sogar den Tod.
Jesus, Friede bedeutet:
Von Dir Erbarmen und Liebe empfangen.
Anderen vergeben, weil Du uns vergibst.
Nicht Angst machen, sondern ermutigen.
Großzügig auf eigenes Recht verzichten können,
anderen aber zu ihrem Recht verhelfen.
Versöhnungsbereit sein bis zum Äußersten.
Jesus, laß uns wie Du diesen Frieden lieben.

»OHNE DIESE LIEBE — NICHTS«

Gott,
wenn ich gesund wäre
und arbeiten könnte den ganzen Tag,
wenn ich krank wäre
und meine Leiden tapfer ertragen würde,
ohne die Liebe —
wäre ich nichts.
Wenn ich reden und überzeugen könnte,
wenn ich betete bei Tag und Nacht
und als Martyrer mein Leben hingäbe,
ohne die Liebe —
nützte mir alles nichts.
Wenn ich die Gaben des Geistes hätte,
Krankheiten zu heilen, Wunder zu wirken,
ganz für andere Menschen dazusein,
ohne die Liebe —
bliebe nur das Nichts.

Die Liebe erst beseelt,
die Liebe macht lebendig,
die Liebe heilt bis auf den Grund,
die Liebe macht glücklich.
Denn die Liebe — kommt von Dir.
Sie ist Deine Kraft,
Deine Herzlichkeit,
Deine strahlende Güte.
Die Liebe bist Du selber.
Darum — hört sie niemals auf.[81]

»ARM IM GEIST SOLL ICH SEIN«

Gott,
»arm sein im Geist« bedeutet:
arm sein vor D i r .[82]
Dastehen vor Dir mit leeren Händen.
Nie pochen auf eigene gute Werke,
auch nicht auf religiöse Leistungen.
Persönliche Schwächen zugeben.
Sich niemals rechtfertigen wollen vor Dir.
Arm sein im Geist, das heißt:
Sich selber nicht so wichtig nehmen.
Sich nichts einbilden auf Erfolge.
Vielmehr bekennen: Alles ist Gnade.
Alles ist Gabe und Talent von Dir.
Du hast mir all das Gute gegeben.
Ich kann es nur annehmen und einsetzen.
Arm im Geist bin ich dann,
wenn ich meine Hilflosigkeit eingestehe,
wenn ich ja sagen kann zu meinen Grenzen,
wenn ich mit Überzeugung bete:
Ich brauche Dich, Gott,
ohne Dich vermag ich nichts.[83]
Gott,
laß mich arm sein vor Dir,
damit ich den Reichtum erfasse,
den Du mir täglich gibst.
Laß mich arm sein vor Dir,
damit ich Dich dankbar preise
in der Einfachheit meines Herzens.

44

»WENN WIR RECHT BETETEN, WÜRDEN WIR GANZ ANDERS LEBEN«

Gott,
im Gebet glauben wir fest,
daß Du jetzt d a bist für uns.
Wenn wir richtig beten,
erkennen wir,
daß Du immer für uns da bist
auch in unserem Alltag.
Ist das Leben dann nicht anders?

Gott, im Gebet geht uns auf,
daß Du uns h ö r s t,
daß Du uns aufmerksam zuhörst.
Wenn wir richtig beten,
erahnen wir,
daß Du uns auch dann zuhörst,
wenn wir miteinander reden.
Wir könnten dann eigentlich
nur noch menschlich miteinander reden.

Gott, im Gebet erfahren wir,
daß Du ein H e r z für uns hast.
Wenn wir richtig beten,
wissen wir,
daß wir nur dann Menschen sind,
wenn auch wir ein Herz haben füreinander.
Gott,
Gebet und Leben hängen zusammen.
Laß uns — unsere Gebete leben.

»MACH GOTT KEINE VORSCHRIFTEN«

Gott,
wir beten und bitten
um vieles,
wohl um zu vielerlei.
Du erlaubst uns zu bitten
um alles.
Doch sollten wir Dir mit unseren Bitten
keine Vorschläge machen,
schon gar keine Vorschriften.
Wir bitten Dich um Hilfe,
und Du sagst:
Ich bin doch immer schon da
mit meiner ganzen Kraft,
längst bevor du mich rufst.[84]
Glaub mir doch, daß ich dir
ganz und ohne Einschränkung
zur Verfügung stehe,
wenn du nur mit mir rechnest
und mich in dir wirken l ä ß t .
Gott,
wir bitten Dich um vieles,
aber Du allein weißt,
was tatsächlich für uns das Beste ist.
Du w i l l s t unser Bestes
und t u s t unser Bestes,
auch wenn wir dies nicht immer verstehen.
Daß wir doch v o r allen Bitten
glauben an Deine Güte und Liebe.

»DIE WORTE DES MAGNIFIKAT BEHERZIGEN«

»Meine Seele preist die Größe des Herrn.«
Gott, mein Leben ist viel zu wenig Dank.
Deine Größe müßte ich viel mehr entdecken.
»Und mein Geist jubelt über Gott, meinen Retter.«
Habe ich wirklich so viel Freude an Dir?
»Er schaut auf die Niedrigkeit seiner Magd.«
Bestimmt das mein Leben, meinen Alltag:
Ich bin nur ein kleines, unbedeutendes Geschöpf,
Du aber siehst mich? Ist das nicht umwerfend:
Du, der große Gott, siehst mich und liebst mich?
»Er stürzt die Mächtigen vom Thron,
die Kleinen aber hebt er empor.«
Du warst noch nie mit den Mächtigen im Bund.
Du bist der Gott für die Kleinen und Namenlosen.
Spüren diese, daß ich auf ihrer Seite bin?
»Die Hungernden beschenkt er mit seinen Gaben
und läßt die Reichen leer ausgehen.«
Wer sind die Hungernden neben m i r ?
Wie viele werden von mir beschenkt?
Gehöre ich vielleicht sogar zu den Reichen,
die in ihrem Wohlstand fast ersticken?
»Er nimmt seinen Knecht Israel an
und denkt an sein Erbarmen.«[85]
Gott, Du nimmst mich an samt meiner Schuld.
Dein Erbarmen kennt keine Grenzen.
Wie groß ist m e i n Erbarmen mit den Menschen?
Gott, laß mich das Magnifikat nicht nur b e t e n ,
laß mich das Magnifikat viel mehr noch l e b e n !

»BEIM HERRN KOMMT ES WENIGER DARAUF AN, WAS WIR TUN, SONDERN WIE WIR ES TUN«

Gott,
nicht w a s wir tun,
ist wichtig für Dich,
sondern vor allem
w i e wir es tun.
Nicht das Große und Auffällige,
nicht was Menschen bewundern,
bewunderst auch Du.
Bei Dir zählt,
was im Herzen beschlossen wird.
Du schaust auf die Gesinnung.
Du fragst, ob etwas geschieht
aus Angst,
aus Zwang,
aus Ehrsucht,
nur um des eigenen Vorteils willen.
Oder ob wir es tun
den Menschen zuliebe,
für Dich,
aus Verantwortungsgefühl,
um einer guten Sache willen.
Oder ob es absichts-l o s geschieht,
einzig weil es wertvoll und schön ist.
Gott,
Dich bewegt weniger, w a s wir tun,
sondern w i e wir es tun.
Denn »wenn unser Herz richtig schlägt,
ist alles in Ordnung«.[86]

»GIB MIR DEINEN HEILIGEN GEIST«

Gott,
o h n e Deinen Heiligen Geist
wäre unser Leben geist- l o s .
M i t Deinem Heiligen Geist aber
ist unser Leben geist- v o l l .
Sende uns Deinen Heiligen Geist.
Er ist Dein L i c h t in uns.
Durch ihn erkennen wir,
was Wahrheit und Lüge ist.
Schenke uns Deinen Heiligen Geist.
Er ist Deine K r a f t in uns.
Durch ihn schaffen wir Dinge,
die menschlich unmöglich sind.
Durch ihn ertragen wir Leiden,
die sonst unerträglich werden.
Sende uns Deinen Heiligen Geist.
Er ist Dein L e b e n in uns.
Wenn er in uns atmet,
hat selbst der Tod keine Macht über uns.
Schenke uns Deinen Heiligen Geist.
Er ist Deine L i e b e in uns.
Wenn er uns durchströmt,
können wir beten und Du zu Dir sagen,
weil e r in uns betet.
Wenn er uns erfüllt,
können wir lieben,
weil e r in uns liebt.
Darum: Gib uns Deinen Heiligen Geist.

»WO DIE LIEBE, DORT IST GOTT«

Wo bist Du, Gott?
Wo finde ich Dich, Gott?
Wo erfahre ich Dich, Gott?
Johannes antwortet:
»Wenn wir einander lieben,
bleibt Gott in uns.«[87]
So also finde ich Dich,
da ist Deine Spur,
da bist Du unglaublich nahe:
Du in mir,
Du in uns,
wenn ich nur liebe,
wenn wir einander lieben,
wenn nur ein Funke Liebe in uns ist.
Denn wo die Liebe,
dort ist Gott.
Wo die Liebe,
dort w o h n t Gott.
Wo die Liebe,
dort bist D u ,
dort bist Du greifbar nahe.
Wo also finde ich Dich?
Wo immer ein Mensch liebt,
wo ich selber liebe,
da liebst Du mit,
Du Gott der Liebe,
Du Leben der Liebe,
Du — Liebe.

»DIE LIEBE GIBT MIT FREUDEN ALLES«

Gott,
ich d a r f lieben.
Es ist ein Geschenk,
es ist Gnade,
lieben zu dürfen,
Dich lieben zu dürfen.

Ich k a n n lieben.
Du gibst die Fähigkeit,
Du gibst die Kraft,
lieben zu können,
Dich lieben zu können.

Ich m ö c h t e lieben.
Es ist mein Wunsch,
meine tiefe Sehnsucht,
immer zu lieben,
Dich über alles zu lieben.

Doch ich frage mich, Gott:
Wie kann ich D i c h lieben?
Wie s o l l ich Dich lieben?
Und Du antwortest:
Glaub' und vertraue mir![88]
Tu was ich dir sage![89]
Liebe Deinen Nächsten![90]
Und schenk mir dein Herz![91]
Denn wer liebt,
gibt mit Freuden alles.

»MEIN GOTT UND MEIN ALLES«

Gott,
was meine ich mit diesem Wort »Gott«?
Wie kann ich nach Dir greifen,
Du Unbegreiflicher?
Wie kann ich Dich hören,
Du Unerhörter?
Wie kann ich Dich aussprechen,
Du Unaussprechlicher?
Gott, Du Anfang und Ziel von allem,
Du Geheimnis des Lebens und des Seins.
Zu Dir darf ich sagen: »Mein Gott.«
Du, Gott für alle und alles,
bist mein Gott.
Du bist der Meine.
Du gehörst mir.
Ich darf Dich mein eigen nennen.
Du liebst mich,
und ich darf Dich lieben,
Du, mein Gott.
Du, mein Gott und mein Alles.
Ja, das bist Du für mich:
Alles, wirklich alles.
Du Sehnsucht und Erfüllung.
Du unendliche Ruhe und Leidenschaft,
Du großer und starker Gott,
Du grenzenlose Zärtlichkeit,
Du, unergründliches Du.
Mein Gott und mein Alles.

»LASST UNS AUFS NEUE ANFANGEN«

Jesus,
in Deiner Gegenwart
b i n ich ein Anfänger
und b l e i b e ich ein Anfänger
in vielen Dingen:
in der Demut, mich selber anzunehmen,
so wie ich bin;
in der Kühnheit, mich zu ändern,
so gut ich dies vermag.
Ich bin ein Anfänger,
wenn ich bedenke,
wie wenig ich Dir im Grunde vertraue;
wie schwer es mir fällt,
manche Mitmenschen zu lieben;
wie empfindlich ich bin
in Ungerechtigkeit und im Leid.
Das Wunderbare aber ist:
Bei Dir, Meister,
d a r f ich immer wieder anfangen,
jeden Tag neu anfangen.
Du gibst mir eine Chance
bis zum letzten Atemzug;
denn Du l i e b s t alle Anfänger.
Ja, Du gibst s e l b e r den Anfang
dem, der aufrichtig anfangen m ö c h t e .
Jesus,
danke für alles,
was Du mit mir Anfänger anfängst.

»HABEN WIR NICHT ALLES GOTT ZU DANKEN«

Wir danken Dir, Gott, für das strahlende Licht.
Wir danken aber auch für die Ruhe der Nacht.
Wir danken Dir für die wärmende Sonne.
Wir danken für alle kühlende Luft.
Wir danken für wunderbare Täler und Berge.
Wir danken für gewaltige Flüsse und Meere.
Wir danken für so viele Pflanzen und Tiere.
Wir danken für die Wunder Deiner Natur.
Wir danken Dir, Gott, für Speise und Trank.
Wir danken für Hoffnung und Zuversicht.
Wir danken für unseren Geist und den Leib.
Wir danken für unser Gefühl und das Herz.
Wir danken für jede gute Tat.
Wir danken für das ertragene Leid.
Wir danken Dir für das Leben auf Erden.
Wir danken für das Leben im Himmel.
Wir danken Dir, Gott, für die Menschen.
Wir danken für unsere Schwestern und Brüder.
Wir danken für alle Kleinen und Stillen.
Wir danken für die großen Friedenstifter.
Wir danken für Liebe, die wir empfangen.
Wir danken für Liebe, die wir schenken dürfen.
Wir danken vor allem aber für Dich.
Wir danken für Deine Güte und Liebe.
Wir danken Dir, Gott, für Jesus, unseren Bruder.
Wir danken für sein Wohnen unter uns.
Wir danken und staunen und freuen uns.
Wir danken Dir, Gott. Danke! Amen.

Anmerkungen

Die Anmerkungen laden ein, die Quellen aufzusuchen, vor allem die Heilige Schrift.

[1] 1 Joh 4,8
[2] 1 Joh 4,10.19
[3] Röm 11,33.34
[4] Röm 8,29.30
[5] Ex 19,4; Dtn 1,31; Jes 46,4
[6] Röm 8,28
[7] Joh 4,34
[8] Mk 14,36
[9] Mk 14,36
[10] Joh 16,22
[11] Offb 21,1.4
[12] Alfred Delp, Im Angesicht des Todes, Verl. Josef Knecht
[13] Mk 10,32
[14] Mk 10,21
[15] Joh 13,23; 21,20
[16] Mk 9,2; 14,33
[17] Lk 7,36—50
[18] Joh 8,10.11
[19] Mk 9,36; 10,16
[20] Mt 21,15.16
[21] Lk 23,61.62
[22] Joh 6,68
[23] Mt 5,24
[24] Mt 5,44
[25] Mt 7,5
[26] Mt 28,20
[27] Joh 11,25
[28] Mk 2,27
[29] Mt 23,8
[30] Mt 25,35.36

[31]   Joh 6,63
[32]   Mk 10,14
[33]   Lk 2,41—51
[34]   Joh 5,7
[35]   Mt 25,31—45
[36]   Gemeinsame Synode der Bistümer der Bundesrepublik
       Deutschland, Unsere Hoffnung
[37]   Lk 6,20
[38]   Lk 23,34
[39]   Lk 23,43
[40]   Joh 19,26.27
[41]   Mk 15,34
[42]   Joh 19,28
[43]   Joh 19,30
[44]   Lk 23,46
[45]   Joh 19,25
[46]   Mt 27,51.45
[47]   Mk 14,50
[48]   Joh 14,6
[49]   Eph 3,19
[50]   Lk 2,10; Joh 15,11
[51]   2 Kor 3,17
[52]   Joh 8,12
[53]   Joh 14,6
[54]   Joh 14,6
[55]   1 Joh 3,16
[56]   Mt 28,10.20
[57]   Lk 24,25
[58]   Joh 14,1
[59]   Mt 11,28
[60]   1 Kor 4,7
[61]   1 Kor 1,31
[62]   Joh 13,35
[63]   Mt 11,28.29
[64]   Lk 1,39
[65]   Ijob 5,18
[66]   1 Kor 10,13

[67] 1 Kor 10, 12
[68] Gen 18, 12
[69] Gen 18, 14
[70] Lk 1, 34
[71] Lk 1, 37
[72] Mk 9, 22—24
[73] Mt 18, 23—27
[74] Joh 12, 24. 25
[75] Mt 9, 13; 12, 7
[76] Mt 5, 7
[77] Lk 2, 14
[78] Mt 5, 9
[79] Joh 14, 27
[80] Lk 24, 36; Joh 20, 19. 21
[81] 1 Kor 13, 1—8
[82] Mt 5, 3
[83] Joh 15, 5
[84] Mt 6, 7. 8
[85] Lk 1, 46—55
[86] Alfred Delp, Im Angesicht des Todes, Verl. Josef Knecht
[87] 1 Joh 4, 12
[88] Joh 14, 1
[89] Joh 14, 23
[90] Mt 22, 39; 1 Joh 4, 21
[91] Spr 23, 26

INHALT